Hassan Mustapha
Mein Leben für die Liebe

1. Auflage 1997

Gesamtherstellung:
Friedrich Ehrenklau Druckerei GmbH, Lauterbach
Titelfoto: Daniel Pfeffer, Schotten

ISBN 3-931259-14-5

Hassan Mustapha

Mein Leben für die Liebe

Gedichte

Gerhard H. Wenzel-Verlag

Vorwort

Aus tiefstem Herzen, ganz in Liebe versunken, schreibt Hassan Mustapha in seltener Ausstrahlung seine Gedanken und Gefühle, seine Schmerzen der Seele, seine Freude des Herzens und seine Erlebnisse in Gedichten nieder. Seine sinnlichen Betrachtungen, seine außergewöhnliche Wortwahl, seine erotische Stimme, die lassen in vielen Herzen vielfältige Gefühle wach werden. Die Leser werden überrascht sein, zu erfahren, daß Hassan Mustapha im Oktober 1969 im Libanon geboren ist, seit über 23 Jahren mit seiner Familie in der Stadt Schotten lebt und arbeitet und die Fähigkeit zu solch differenziertem künstlerischem Schaffen in deutscher Sprache hat.

Er hatte den Beruf des Rechtsanwalts- und Notargehilfen gelernt, war später in einem Industrie- und zuletz in einem heimischen Handwerksbetrieb tätig.

Lange war sein Talent verborgen und nur durch einen Zufall hatte ich das Glück, seine poetischen Werke einmal lesen zu können. Aufgeschrieben hat Hassan Mustapha seine Gedichte in einem Tagebuch, das er bis heute führt, und in dem vielleicht schon die Ansätze für weiteres literarisches Schaffen verborgen sind.

Ich bin zutiefst überzeugt davon, daß Hassan Mustapha, der noch viele Ideen für weitere Werke hat, viele begeisterte Leserinnen und Leser finden wird. Sicherlich werden auch öffentliche Lesungen dazu beitragen, daß ein innerer Gedankenaustausch zwischen ihm und seinem Publikum entstehen wird.

Wer Hassan Mustapha einmal erlebt hat, wird durch dessen Natürlichkeit, seine exotische männliche Schönheit, seine Freundlichkeit und sein herzliches Lachen sowie von seinem Humor sicherlich begeistert sein.

In diesem Sinne wünsche ich dem ersten Buch des jungen Autors viel Erfolg und einen breiten Leserkreis.

Walter Matthias

Schotten im November 1997

Phantasiereisen

Willst Du mit mir gen' Himmel reisen?
Hinfort durch Lüfte, wo kein Leben besteht,
hinab in Tiefen, wo selbst Seelen verwaisen,
tief, so tief, daß es tiefer nicht geht.

Vorbei an Planeten, die kein Mensch je gesehen,
durch Galaxien, wo keine Sonne brennt,
in Raum und Zeit, wo kosmische Winde wehen,
und ein Augenschlag Phantasie und Wahrheit trennt.

Müde vor Sehnsucht nach unendlichem Glück,
träume ich mich jeden Tag in die Unendlichkeit hinein,
und falle doch wieder in die Sterblichkeit zurück,
und hoffe nicht der alleinige mit solchen Gedanken zu sein.

Ein Mensch

Ein Mensch, der sich nur nach etwas Liebe sehnt,
und sich mit denen freut, welche sie haben gefunden,
ein Mensch, den die Welt nicht versteht,
und nur noch zählt der Einsamkeit Stunden.

Ein Mensch, der in den Spiegel schaut von Tag zu Tag,
und darin sehe ich mein voll Erinnerungen gezeichnetes
/Gesicht
und seine Gefühle befreit in Form von einem Gedicht.

Ohne Hoffnung

Ihre Schönheit gleicht einem schimmerndem Stern,
und Ihre Blicke hielten meine Augen gefangen,
doch ist sie mir so unsagbar fern,
denn an ihr Lächeln werde ich niemals gelangen.

Meine Gedanken werden in den Nächten zu ihr eilen,
und meine Sehnsucht ruft nach ihr, durch's unbekannte All,
mit ihr möchte ich mein Leben teilen,
doch an ihrem Finger leuchtet das goldene Metall.

Und auch diesmal begegnete ich meiner Liebe zu spät,
und ich wünsche mir, ich hätte sie vorher gekannt,
wieder ist meine Hoffnung verweht,
und werden meine Träume in die Einsamkeit verbannt.

Doch ich werde ihr Leuchten niemals vergessen,
denn ihre Schönheit ist unerreicht,
und nie wird sich eine Rose mit ihr messen,
weil neben ihrer Lieblichkeit, der süße Duft verbleicht.

Mein Herz schreit nach Dir

Mein Herz schreit nach Dir, doch Du kannst es nicht hören,
Du glaubst nur an die Hoffnung die Dir noch bleibt,
doch ich möchte meine Liebe zu Dir beschwören,
drum lies die Zeilen, die mein Herz Dir schreibt.

Wenn die Sonne am Himmel erwacht,
und Deine Augen erblicken am Morgen das Licht,
dann ist es meine Liebe, die mit Dir lacht,
und Kummer und Zweifel gibt es für mich nicht.

Doch am Abend, wenn der Mond die Sonne verdrängt,
dann schwebt die Einsamkeit über mir,
ich fühle mich vor Sehnsucht nach Dir beengt,
und in meinen Träumen suche ich nach Dir.

Sehnsucht

Jeden Tag wünsche ich mir, Du wärst hier,
doch Dein Glitzern ist ganz weit fort.
Jede Minute wünsche ich mir Dein Scheinen bei mir,
doch Du leuchtest an einem anderen Ort.

Ich liebe Dich

Meine Gefühle verdrängt in die eiskalte Nacht,
im Dunkel wirren als Träume sie irr,
meine Hoffnung, daß dort jemand über sie wacht,
denn sonst verlaufen sie sich zu Dir.

Ob in Träumen, Gedanken oder hier,
bis ans Ende verfolge ich Dich,
überall sind meine Gefühle bei Dir,
verstehst Du nicht? *Ich liebe Dich.*

Süße Worte

So lauschet der Liebe zartem Klang,
verzehret mit Euren Augen, was mein Herz Euch schreibt,
Worte, süßer als ein Vogel je sang,
verwahret sie, denn es ist alles was uns bleibt.

So hütet Euch vor dunklen Nächten,
denn in solchen Stunden werdet Ihr gesucht,
ich werde getrieben von fremden Mächten,
welche mich Euch zu lieben haben verflucht.

Darf ich im geheimen nur an Euch denken?
Warum gehöre ich Euch und seid Ihr nicht mein?
Laßt mich Euch all meine Liebe schenken.
liebt mich, soll ich auch von allen verachtet sein.

Nicht geträumt

Wenn die Nacht durch das Fenster scheint,
wenn unsere Zärtlichkeit überschäumt,
dann spüre ich, daß meine Liebe nicht mehr weint,
denn in dieser Nacht habe ich nicht geträumt.

Ich will Deinen Kuß voller Sinnlichkeit,
und sehne mich zu streicheln Dein sanftes Gesicht,
ich habe gewartet lange Zeit,
in tiefster Dunkelheit und brennendem Licht.

In Gedanken wiege ich Dich in sanften Schlummer,
und fühle einen Schmerz tief in mir,
denn in mir spüre ich den einsamen Kummer,
warum bin ich nur in meinen Träumen bei Dir?

Der Tag wird geboren und es stirbt die Nacht,
meine Liebe zu Dir endet im Licht,
es vergehen meine Träume, über die die Dunkelheit wacht,
und der Tag meine Sehnsucht nach Dir erlischt.

... Ängste verglühen im Mondenschein

Du versuchst meinen verliebten Blicken zu entgehen,
Du sitzt da und sprichst mit der Einsamkeit,
Du hast Angst, auch die neue Liebe könnte vergehen,
Erinnerungen und Schmerz aus der Vergangenheit.

Deine Gefühle gaukeln Dir Schmerz nur vor,
doch Deine Ängste verglühen im Mondenschein,
aus Deinen Gedanken steigt Hoffnung empor,
Du weißt nun, Du warst zu lange allein.

Ich habe einen schimmernden Traum

Ich habe einen schimmernden Traum,
in dessen Glanz es um Dich geht,
ich sehe uns in einem endlosen Raum,
und wir fühlen, daß sich um uns die Liebe dreht.

Ich habe ein Gefühl, ich bin nicht mehr allein,
und spüre in meinem Herzen pocht das Glück,
auch Du wirst ab heute nicht mehr alleine sein,
und unsere Lippen kommen sich immer näher, Stück
/für Stück.

Wir schreiten zusammen durch das dunkle Licht,
wir tanzen und singen und lieben und lachen,
und plötzlich vernebelt sich Dein trauriges Gesicht,
bitte Dunkelheit, laß mich jetzt nicht erwachen.

Nun sitze ich hier und denke an Dich,
noch höre ich Deine Worte und spüre Deine Zärtlichkeit,
ich hoffe Du weißt jetzt *ich liebe Dich*
es Dir zu sagen hatte ich keine Zeit.

Ich hatte einen schimmernden Traum.

Traum

Ich spüre Deinen duftenden Kuß auf meiner Haut,
möchte mit Dir ins Nirgends fliehen,
sehe wie Dein Blick auf die scheinenden Sterne schaut,
zu diesem Glitzern möcht ich mit Dir ziehen.

Liebesgeflüster

Durch das Fenster steigt die nächtliche Kühle,
und wie gerne sähe ich jetzt Dein Gesicht,
ich will, daß Du weißt, was ich für Dich fühle,
und sage es Dir in Form von einem Gedicht.

Wenn Du nachts in meinen Armen liegst,
und unsere Blicke sich im Dunkel berühren,
wenn Du Deinen Kopf an meinen Körper schmiegst,
dann bete ich, daß wir uns nie verlieren.

Ich möchte nicht mehr ohne Dich sein,
und ich möchte mit Dir zusammenleben,
wir waren viel zu lange allein,
doch jetzt wollen wir uns alles geben.

Und wenn Du neben mir Deine Augen schließt,
und höre Deinen leisen Atem ganz friedlich,
dann spüre ich wie das Glück durch meine Gedanken fließt,
und zu Dir im Traume flüstert *ich liebe Dich.*

Geliehene Gefühle

Nur Kerzenschein erhellt den Raum,
und flammende Schatten tanzen an den Wänden,
ich berühre Dich nur in meinem Traum,
und wie sehr sehne ich mich nach Deinen zarten Händen.

Es sind meine Gedanken, die mich quälen,
und Dich darum bitten in Deinem Herzen zu bleiben,
meine Ängste lassen mich diesen Weg wählen,
Dir meine tiefsten Träume zu schreiben.

Und wenn der Tag sich zur Ruhe neigt,
und die Stille des Dunkels über mich wacht,
fühle ich, wie dann die Einsamkeit schweigt,
und die Hoffnung, Dich zu lieben, wieder erwacht.

Ich sehe die Vergangenheit vorüberziehen,
und weiß, daß wir beide zusammengehören,
uns sind unsere Gefühle nur geliehen,
doch ich werde Dir ewige Liebe schwören.

Für eine Nacht

Deine Worte sind es, die sich in meinen Gedanken
/verstecken,
Deine Augen sind es, die mich durchdringen,
Deine Lippen sind es, die mich aus meiner Sehnsucht
/nach Dir wecken,
Deine Berührungen sind es, die meine Ängste verdecken.

Wir zaubern Träume in denen wir uns sehen,
und lassen unseren Phantasien freien Lauf,
würden diese Magien doch nie vergehen,
für diesen Wunsch nähme ich alles in Kauf.

Weißt Du jetzt, wie sehr ich Dich brauche?
Und spürst Du, wie jede Nacht meine Liebe zu Dir fliegt?
Verstehst Du, wenn ich Dir im Dunkeln zuhauche,
daß unser Glück in Deinen Händen liegt?

Unsterblich verliebt, in Träumen zu Dir schweben,
auf ewig zusammen, für immer bin ich Dein,
unfähig einen Gedanken ohne Dich zu leben,
doch für eine Nacht sollst Du die Meine sein.

Magische Küsse

Ich sehe am Himmel einen goldenen Stern,
und fühle, wie wieder eine Träne fließt,
er ist so nah und doch so fern,
doch ich weiß, daß auch Du ihn siehst.

Deine Lippen sind mit Magie getränkt,
benebeln meine Sinne, ziehen mich in ihren Bann,
und Dein Zauber meine Gefühle lenkt,
und Dein Kuß hält mich gefangen, so fest er kann.

Süßer Duft nur, berührt Deine Haut,
und sanftes Licht ist Dein Gewand,
flüsterst heiße Worte, ohne einen Laut,
und ich streichele Dich mit zitternder Hand.

Geborgenheit

Einsam, alleine und wahr,
Gedanken gefüllt und Hoffnung so leer.
Meine Liebe zu Dir, wie Wasser so klar,
noch nie empfand ich, so wie zu Dir.

Glück, Freude und Trauer,
der Druck Deiner Hände so weich,
tote Hitze und eiskalter Schauer,
Deine Liebe macht alles gleich.

Dein Blick strahlt aus die Heiterkeit,
Deine Augen schauen zu mir,
noch nie fühlte ich Einsamkeit,
wenn ich war in der Nähe von Dir.

Wir beide im Dunkeln

Wir beide im Dunkeln, ganz unerkannt,
in der träumenden Nacht war ich von Dir gefangen,
als ich streichelte Deine zärtelnde Hand,
ich wünschte dieser Augenblick wäre nie vergangen.

Und in der Farbe der Nacht zeigte ich Dir, was ich für
/Dich fühle,
und nur der silberne Mond schaute uns zu,
durch das Fenster stieg die nächtliche Kühle,
still lagen wir da und lauschten der Ruh'.

Du brichst alle Gesetze ...

Meine Gedanken hielt ich gefangen in all den Jahren,
und meine Gefühle wollte ich niemandem zeigen.
Nur vor Dir konnte ich meine Träume nicht bewahren,
denn Du brichst alle Gesetze des Schweigens.

Erst dann ...

Erst wenn der Tag wird von Dunkelheit umgeben,
und erst wenn die Sterne nicht mehr scheinen,
erst wenn zwischen Himmel und Erde keine Vögel
/mehr schweben,
und erst wenn die Menschen verlernen das Weinen.

Erst wenn die Gefühle gegen die Wahrheit rebellieren,
und erst wenn auf der Erde kein Herz mehr lacht,
erst wenn die Liebenden ihre Träume verlieren,
und erst wenn das Schweigen über die Einsamkeit wacht.

Erst wenn Planeten aufeinanderprallen,
und erst wenn die Meere überschäumen,
erst wenn keine Wassertropfen mehr vom Himmel fallen,
und erst wenn die Menschen aufgeben zu träumen.

Erst wenn Blicke sind kälter als Eis,
und erst wenn Leben und Tod sich immer mehr gleichen,
erst wenn eine Berührung kalt ist, und doch heiß,
erst dann wird meine Liebe von Dir weichen.

... und schütze mich vor dem Mondenschein

Lange Zeit hat meine Feder geschwiegen,
konnte keine Worte für meine Gedanken finden,
doch nun, da meine Gefühle dem Dunkel entstiegen,
möchte ich meine Träume zu einem Gedichte binden.

Wie soll ich Dir sagen, daß Du mich verstehst,
daß Du meinem Leben einen Sinn gibst,
daß ich mich davor fürchte, wenn Du von mir gehst,
und nur möchte, daß Du mich ein wenig liebst?

Es fielen die Worte zu nächtlicher Stunde,
tausend Antworten auf tausend Fragen,
es sprühte Hoffnung für mich, aus Deinem Munde,
oder liebst Du mich erst, wenn mein Herz aufhört zu
/schlagen.

Soll das schon alles gewesen sein?
Wie der Tod eines Falters im stürmischen Wind?
War alles nur Lug und falscher Schein?
Weil ich Dir vertraut habe, wie ein hilfloses Kind.

Sollte ich im Schlaf nur ihre Haut berühren,
so bewahre meinen Traum vor dem Sonnenschein,
wenn ich wache, laß das Dunkel nicht meine Sinne
/verführen,
und schütze mich vor dem Mondenschein.

Sinnlichkeit

Deine Lippen, durchpulst von heißem Verlangen,
/drücken aus die Sinnlichkeit.
Deine schmeichelnde Hand, so zart wie Nerz.
Noch nie empfand ich Glück und Freud',
doch auch noch nie solch einsamen Schmerz.

Blind vor Liebe

Ich laufe ihr jeden Tag wie blind hinterher,
versuche nur ihre Gefühle zu berühren,
und jede Nacht entfernt sie sich immer mehr.
Dabei will ich nur einen Funken von Liebe spüren.

Ich weiß nicht woran ich mit ihr bin,
ich möchte sie doch nur glücklich machen,
doch schwinden meine Träume dahin.
Vielleicht will sie auch nur über mich lachen.

Die ersten Gedanken seit langer Zeit.
Worte, die über die Liebe sprechen.
Jedes Schweigen ist eine Ewigkeit.
Warum nur will sie mein Herze brechen?

Ich fühle, sie könnte nie mit mir leben,
und sie würde mich nie verstehen,
würde ich ihr auch alle meine Liebe geben.
Ich spüre, sie wird von mir gehen.

Gestern

Dunkelheit in meinem Kopf, ich kann Dich nirgends finden,
und trotz dieser Leere kann ich es nicht lassen.
Wo sind unsere Träume, die uns beide verbinden?
Ich wage nicht, Deine Schönheit in Worte zu fassen.

Schöne Erinnerungen klopfen in meinem Herzen,
wiegen hin und her, wie im Winde ein Fächer.
Und doch fühle ich bohrende Schmerzen.
Stimmt es? Werden Deine Gefühle für mich schwächer?

Ich möchte wieder Deine Küsse schmecken,
wenn der kühle Wind durch's Fenster weht.
Will wieder magische Momente wecken,
denn Du bist alles wonach mein Herz sich sehnt.

Erinnerst Du Dich an den Mond, der uns bewacht?
An das Funkeln goldener Sterne so klar?
Hörst Du die Bäume in der Stille der Nacht?
Sag nicht, daß das alles einmal war.

Laß mich spüren, wenn Du etwas für mich empfindest,
oder sag, daß alles Träumereien waren.
Ich verstehe, wenn Du Dich nicht an Gefühle bindest,
ob heute, morgen oder in vergangenen Jahren.

Bleib bei mir

Die Zeit, sie will mich belügen,
flüstert Hoffnungen mir immer wieder ein,
doch ohne Deine Worte wird meine Liebe versiegen,
bitte bleib bei mir, laß mich nicht allein.

Sehnsüchte ertrinken

Eine Wärme in mir ganz unbekannt,
eine Hitze, die mein Herz verbrennt,
ein Kribbeln in mir, das ich nie verstand,
doch ich weiß jetzt, daß man dieses Gefühl *die Liebe* nennt.

Und hat die Blume der Liebe ihre Blüte gesenkt,
und Erinnerungen aus Gedanken auferstehen,
dann hoffe ich, daß ein Traum mir die Vergangenheit
/wieder schenkt,
und wir beide mit Ringen unserer Bestimmung nachgehen.

Ich spüre meine Blicke im Dunkel der Nacht versinken,
und meine Gedanken sich im schillernden Glanz der
/Sterne verlaufen,
fühle meine Sehnsüchte im Meer der Einsamkeit ertrinken,
und meine Träume sich verlieren in unendlicher Tiefe
/der Sterne.

Gedanken

Die Zeit läuft schneller von Trauer gejagt,
Trauer um eine Liebe, die jeder verstand,
Liebe, die, ich hoffte, die niemals versagt,
welche nur existierte in meiner Träume Land.

Eine Träne zerbricht

So rein, wie das kristallklare Wasser eines Bergsees glitzert eine Träne in Deinen Augen. Fest entschlossen nicht mehr zu sein, macht sie sich auf eine lange Reise über Dein Gesicht. Sanft rollt sie über Deine Wange und hinterläßt eine Spur des Leidens. Wie beschwingt rast sie bis an Deine Lippen, dort hält sie inne, als würde sie für einen Moment schweben. Nur ein Zucken, so kurz wie das Leben eines Falters im Dunkeln, läßt sie fallen.

Und sie fällt, und fällt, und fällt.

So viel Liebe, Haß, Einsamkeit, Gefühle der Freude und der Trauer, Sehnsucht und Geborgenheit. Sie alle gebündelt in einer Träne.

Und noch immer stürzt sie in das Unbekannte, vorbei an Erinnerungen. Bis sie am Boden zerbricht und in tausend Perlen ruht. Vom Staub umarmt und doch allein, versinken Werte eines Lebens im Nichts.

Und der Staub, nichtsahnend was mit ihm geschah, ist um so viel reicher, als ich es je war.

Deine Nähe

Auf dem weiten Weg zu Dir, habe ich mich aufgegeben,
mit jedem Schritt näher zu Dir, fühlte ich mich neugeboren,
mit jedem Blick zu Dir, spürte ich erst das Leben,
Mit jeder Berührung mit Dir, habe ich die Hoffnung verloren.

Was soll ich sagen

Was soll ich sagen,
was willst Du hören,
habe so viele Fragen,
doch auch Angst Dich zu stören,

Möchte Dich halten, möchte Dich küssen,
ohne immer Zweifel haben zu müssen,
möchte Dich lieben, möchte mit Dir träumen,
und keinen Tag ohne Deine Liebe versäumen.

Meine Träume werden wahr im Dunkel der Nacht,
und sterben mit den Strahlen, wenn der Morgen erwacht,
und hast auch Du nie etwas für mich empfunden,
so haben Deine Küsse mich für immer an Dich gebunden.

Warum?

Warum ließest Du mich so lange leiden?
Warum kamst Du nie auf mich zu?
Warum wolltest Du meine Gefühle für Dich meiden?
Und warum ließest Du mich einfach in Ruh?

Du hast Dich verändert

Phantasie zerborsten in Deinem jetzigen Wesen,
Erinnerungen erloschen in's Niemandsland,
früher konnte ich in Deinen Augen lesen,
heute habe ich Dich nicht wiedererkannt.

So wie ...

So wie das Scheinen der Sonne im schönsten Blau,
wie das Glitzern der Sterne am Himmel so klar,
wie der allmorgendlich zärtelnde Morgentau,
wie das Wort aus meinem Herzen, so ehrlich und wahr,
wie das ferne Schreien der Vögel aus befreiter Freiheit,
wie meine Liebe zu Dir, wartend in der Einsamkeit,
so scheinend,
so glitzernd,
so klar,
so einsam, ist meine Liebe zu Dir, doch auch so fern ist
/sie von mir.

Wie oft

Wie oft zeigte Dir mein Herz, daß es Dich liebt?
Wie oft habe ich Dir mich zu verletzen erlaubt?
Wie oft sagte ich Dir, daß es nur Dich für mich gibt?
Wie oft hast Du mich meiner Hoffnung beraubt?

Wie oft muß ich wachen und wie oft muß ich flehen?
Wie oft muß sich meine Erinnerung mit der
/Vergangenheit messen?
Wie oft muß ich meine einsamen Wege gehen?
Und wie oft muß ich weinen um Dich zu vergessen?

Schmerz

Meine Gedanken gewebt aus Freude und Trauer,
mein Herz erfüllt von Schmerz und Leid,
Dein Fortgehen war für mich tödlicher Schauer,
nun liebe ich die Einsamkeit.

Liebe

Der Liebe Früchte sind Verzweiflung und Schmerz,
der Liebe Hoffnung, unser aller Gott,
der Liebe Ziel, ein gebrochenes Herz,
der Liebe Ende, ein qualvoller Tod.

Du sagst mir

Du sagst mir, was man mit Liebe kann erreichen,
Du sagst mir, sie schleicht sich an jeden heran,
Du sagst mir, daß man Liebe kann mit dem Paradie
/vergleichen,
doch ich weiß, daß die Liebe auch die Hölle sein kann.

Du sagst mir, Liebe läßt das Leben erblühen,
Du sagst mir, Liebe ist des Glückes Gespann,
doch ich weiß, die Liebe ließ meine Hoffnung verglühen,
und ich zeige Dir, daß Liebe auch töten kann.

Einsamkeit

Graue tote Wolken, die am Himmel zieh'n,
Straßen, die sich verlaufen in der Dunkelheit,
ich spüre ich stehe mittendrin,
so beschreibe ich meine Einsamkeit.

Gefangen

Und plötzlich wird alles still,
und das Schweigen erdrückt mich und will mich nicht lassen,
meine Liebe zu Dir endet nicht so wie ich es will.
Ich versuche immer wieder nach der Vergangenheit zu fassen.

Deine Liebe

Dein Haar so leuchtend, wie die Farbe der Sonne,
Deine Liebe so feurig, wie das Blut so rot,
Dich zu spüren ist eine Wonne,
jedoch Dich zu lieben ist der Tod.

Sterbender Falter

Nun denke ich zurück an unsere Zeit,
ich erinnere mich noch, wie Du warst mein,
ich spürte damals Geborgenheit,
heute fühle ich mich wie ein Falter im sterbenden Schein.

Damals spürte ich Freude in meinem Herzen,
spürte auf meiner Haut Deine zärtelnde Hand,
doch was Du mir jetzt zufügst sind höllische Schmerzen,
ich werde vergehen wie ein Falter, noch ehe der Falter
einen Sonnenstrahl fand.

Dann sage ich lieber Gott ...

Ist ein Mensch so fähig zu lieben, daß ihm sein eigenes Leben nichts mehr wert ist?

Kann ein Mensch sich so von seiner Liebe abhängig machen, daß er nur blind seinen Gefühlen folgt?

Schafft es ein Mensch, sich nur von der Hoffnung am Leben zu erhalten, daß die verlorene Liebe wiederkehrt?

Kann Liebe wirklich so grausam sein?

Verliert ein Mensch seinen Glauben an Dich, wenn Du Ihm die Hilfe verwehrst von seinem Traum geliebt zu werden?

Verstößt ein Mensch gegen Deine Gebote, weil er aus verwehrter Liebe Trost im Tode sucht?

Ist es wahr, frage ich mich, daß die Liebe, die uns letztendlich den Kummer hinterläßt, nicht bestraft wird?
Kann Liebe wirklich so ungerecht sein?

Wenn das Deine Liebe ist und ungerecht ist, dann sage ich, lieber Gott, daß auch zu Lieben eine Sünde ist.

Mein einziger Beweis

Warum kann ich mich nicht in Deinen Augen spiegeln?
Warum sind Blicke kälter als Eis?
Ich werde unsere Liebe besiegeln.
Mein Tod für Dich, mein einziger Beweis.

Der Preis

Ich werde mich selbst an den Tod verkaufen,
ihm entgegengehen, ohne zu schreien,
und werde auch nicht vor ihm fortlaufen.
Der Preis, ich hoffe er wird mich von Dir befreien.

Ein letzter Gruß

Ich habe tausend Tränen um Dich geweint,
ich wollte nicht glauben, es ist Schluß,
doch bald bin ich mit dem Tod vereint,
ich liebe Dich noch, ein letzter Gruß.

Tief in meinem Herzen

Ich sitze da und spreche mit der Einsamkeit, und nur
/der Tod antwortet mir,
sagt mit kalter Stimme, er wird mich von Dir befreien.
Er redet mir ein, ich gehöre nicht zu Dir,
doch ich frage Dich noch einmal *wirst Du mir verzeihen?*

Er ruft nach mir und nimmt mich bei der Hand,
und wir verlassen die Menschen auf Erden.
Ich ziehe mit ihm in ein fernes Land,
wo wir von Dunkelheit empfangen werden.

Es war ein langer Weg und mein Herz brennt von Schmerzen,
doch meine Gedanken an Dich machten mir das Leiden leicht,
denn ich spüre Dich noch tief in meinem Herzen,
auch mein Tod hat sein Ziel nicht erreicht.

Ich habe eine neue Liebe gefunden

Ich habe eine neue Liebe gefunden,
und diese Liebe lasse ich nicht vergehen,
ich habe mich so sehr an diese Liebe gebunden,
denn ich weiß, diese Liebe sie wird mich verstehen.

Mit dieser Liebe kann ich träumen und lachen,
mit dieser Liebe will ich sterben und leben,
mit dieser Liebe möchte ich weinen und wachen,
denn dieser Liebe habe ich so viel zu geben.

Sie gab mir in der Einsamkeit, was mir fehlte,
sie gab mir meine Hoffnung und meine Gedanken zurück,
sie hielt fest zu mir, wenn es zählte,
und ich gebe ihr dafür Zärtlichkeit und Glück.

Doch wird diese Liebe mir einmal entweichen,
und ich dann spüre, wie sehr sie mir fehlt,
wenn ich sie dann nicht kann wieder erreichen,
dann gibt es nichts mehr, was mich auf dieser Erde hält.

Die letzte Nacht

Die letzte Nacht, Seite an Seite,
und laute Stille durchdringt die Nacht,
Erinnerungen kehren aus endloser Weite,
und mein Verlangen *SIE* zu lieben ist wieder entfacht.

Ach wäre ich doch blind, hätte ich sie nie gesehen,
wäre ich doch taub, mich nie ihre Stimme betört,
hätte ich doch Mut zu ihr zu gehen,
doch weil ich noch feige bin, hat sie mir nie gehört.

Wo mag sie jetzt sein, ihren Zauber versprühen?
Hat sie mich vergessen oder denkt auch sie noch zurück?
Ließ die Zeit ihre Vergangenheit verglühen?
Oder wahrt sie im Herzen, auch von mir, noch ein Stück?

Ich sehe eine Träne in Deinem Gesicht,
doch auch Dir habe ich all meine Liebe geschenkt,
Du gabst mir Schatten, doch ich suchte das Licht,
Du hast meine Hoffnung nach Liebe in Einsamkeit ertränkt.

So gehe ich meine Wege, wo immer sie auch enden,
und ich suche nach Menschen, die meine Schmerzen kennen,
auch Du wirst mein Schicksal nicht von mir wenden,
denn Du weißt, wir werden uns im Morgengrauen trennen.

An Dich gebunden

Mein Herz kann Dich noch immer nicht vergessen,
auch wenn ich habe eine neue Liebe gefunden.
Meine Träume werden von der Vergangenheit zerfressen,
denn ich fühle mich noch immer an Dich gebunden.

Werde ich Dich niemals mehr erreichen,
und werde ich nie wieder Deine zarten Lippen spüren?
Werden unsere Gefühle sich nie wieder gleichen?
Und wann wirst Du mich wieder in meine Träume führen?

Angst

Der Regen erfüllt mein Herz mit Gefühlen,
das Wasser durch meine Erinnerungen rinnt,
ich spüre meine Liebe zu Dir neu erglühen,
ich habe Angst, die Vergangenheit beginnt.

Ich möchte ...

Ich möchte mit Dir das Selbe denken,
ich möchte mit Dir zusammen träumen,
wir wollen uns unsere Gefühle schenken,
ich möchte nie einen Tag mit Dir versäumen.

Ich möchte Deine Gedanken ergründen,
denn ich liebe Dich, das ist mir jetzt klar,
ich möchte unsere Liebe neu entzünden,
und mit Dir gehen, wo ich nie war.

Ich möchte Deine Liebe ewig in Erinnerung behalten,
Ich möchte, daß Du mir verzeihst,
und meine Gefühle für Dich lasse ich nie erkalten,
denn ich weiß jetzt, was es zu Lieben heißt.

Wahre Gedanken

Der Morgen erweckt mich zu neuem Leben,
die Nacht hüllt in Gedanken mich ein,
frierendes Schweigen will mich dazu erregen,
Dir zu schreiben und zu sagen *sei mein.*

Meine Träume durchflochten von goldenem Band,
Deine Bilder in meinem Traum,
ich liebe Deine Augen, Deine zärtelnde Hand,
Phantasmen aus tänzelndem Schaum.

Sterbende Tränen und ein Mund aus Lachen,
eine tötende Hitze und eine Stille aus Eis,
sind meine Freunde, die nachts über mich wachen,
Du liebst mich nicht, *ich weiß.*

Gedanken aus Kristall wie Wasser so klar,
Fülle und Leere in meinen Sinnen,
die Sehnsucht nach Deinem schmeichelndem Haar,
ich kann der Vergangenheit nicht entrinnen.

Wie der Duft einer Rose, Deine Haut so zart,
Augen aus Kristall, darin spiegele ich mich,
Dein Wehren gegen meine Liebe trifft mich so hart,
jedoch für immer liebe ich Dich.

Gefühle, geschrieben aus Gedanken,
begleitet von Einsamkeit,
die aus meinem Gedächtnis pranken,
deren Gefolge ist die Wahrheit.

Doch willst verletzen Du mich,
und die Wahrheit flüstern in mein Herz,
Sage *ich liebe Dich nicht*,
es wäre verdienter Schmerz.

Die Nacht in silbernen Farben zerrinnt,
die Luft von eiskaltem Nebel durchglüht,
für mich nie eine neue Liebe beginnt,
meine Angst vor Dir aufs neue erblüht.

Stille

Jede Nacht begleitet von neugeborenem Wind.
Lege mich hin und lausche der Ruh'.
Kommt das Dunkel und hüllt mich ein wie ein Kind,
und deckt mit Erinnerungen mich zu.

Die erste Berührung

Peitschend jagt der Wind Regentropfen gegen mein Fenster, und mit warmem Atem zieht er durch die mit meiner Angst durchglühten Nacht.

Ein Blick in's Dunkel und die Furcht erwacht durch die ruckartigen Bewegungen der Bäume, wie Gespenster, doch mit der Angst auch die neue Hoffnung erwacht.

Das Heulen des Windes flüstert Einsamkeit und Sehnsucht mir ein, wie ich sie vorher noch nie verspürte. Ich vermisse Dich und brauche Dich jetzt, so wie damals in unvergessener Nacht, als ich das erste mal Dich berührte.

… ich stell mir vor

Meine silbrig schimmernden Nächte sind mit Träumen
/durchtränkt,
und darin sehe ich uns in der Liebe verlaufen Hand in Hand.
Die Macht der Liebe hat Dir meine Gefühle und Gedanken
/geschenkt.
Heute sind Deine Träume und Liebe in einem fernen Land.

Doch auch jetzt, wo Du bist ganz weit fort,
spüre ich jeden Traum von Dir tief in mir.
Ich weiß, Du liebst jemand anders an einem anderen Ort;
doch ich stell mir vor, Du bist bei mir.

Phantasievolle Schäume

Deine Schönheit durchleuchtet meine dunkelsten Träume,
sie führt mich zu Dir in glitzerndem Schein,
doch erwache ich, sind es nur phantasievolle Schäume,
ein Blick zur Seite, Du nicht da, nur ich allein.

Kaltes Feuer

Bläst des Windes eiskalter Hauch,
spüre ich die Kälte Deines Feuers, sehr nahe hier.
Ich verstehe die Gegenwart nicht und Du auch,
warum bliebest Du nicht einfach bei mir.

Ich wollte mit Dir das Universum verstehen,
wir wollten uns neue Träume weben.
Du wolltest mit mir in dunklen Nebeln vergehen,
doch das was ich wollte, war nur mit Dir leben.

Keine Zeit

Kannst Du die Sterne am Himmel zählen?
So viele Verse berge ich in mir.
Spürst Du, wie sehr die Zeilen mich quälen?
Denn so lange, sie Dir zu erzählen, bin ich nicht hier.

Die Zeit rennt schneller vor mir her,
ich kann sie nicht halten, kann sie nicht fassen,
und meine Hoffnungen schwinden immer mehr,
Dich an meinen Träumen teilhaben zu lassen.

Auch meine Seele wird einmal reisen, in ein fernes Land,
befreit von Gefühlen und irdischen Schmerzen,
dann hast Du am Grabe eine Blume für mich in der Hand,
und meine Worte werden brennen in Deinem Herzen.

Und Du wirst Dich dann fragen, ob das die Liebe ist,
welche man erst bemerkt, wenn man alleine steht im Leben,
wenn man einen nach seinem Tod erst vermißt,
Dich zum Fühlen zu bringen, das sei mein Streben.

Vielleicht kannst auch Du dann einmal Liebe schenken,
und Dich nicht nur daran laben, geliebt zu werden,
und wirst auch wie ich fühlen und denken,
so lange Du noch wandelst auf Gottes Erden.

Tag und Nacht

Der ewige Kampf zwischen Dunkel und Licht,
auf der Seite des Tages kämpfe ich,
die Nacht voller Haß versteht mich nicht,
sie hat mir die schmerzenden Träume gebracht.

Bohrender Schmerz in Erinnerungen so tief,
der Tag mich davon befreit,
die Vergangenheit überfiel mich in der Nacht,
/wenn ich schlief,
und vom Licht befreit, aus der Einsamkeit.

Hoffnung

Eingehüllt in Einsamkeit und gefangen von unserer
/Vergangenheit,
nehme ich die Schmerzen auf mich,
doch träume ich von der Ewigkeit, mit der Hoffnung,
dort liebst Du mich.

Und wieder fließt eine Träne

Es werden kürzer die Tage und es wird länger die Nacht,
und die erste Schneeflocke ist auf dem Weg zu mir,
ich spüre, wie wieder die Einsamkeit erwacht,
und im Dunkel schreit meine Sehnsucht nach Dir.

Ich sehe Dein Gesicht in Gedanken jeden Tag,
und in Deinen Augen sehe ich die Vergangenheit,
und wieder fließt eine Träne, die ich nicht zu halten vermag,
denn ich liebe Dich bis in alle Ewigkeit.

Und wieder stirbt ein Tag

Und wieder stirbt ein Tag, und es lebt die Nacht,
nur die Dunkelheit hier und ich alleine,
der Mond leuchtet auf und die Vergangenheit erwacht,
meine Erinnerungen lachen mit Dir, doch ich weiß, ich weine.

Es weint die Nacht

So, und das ist wahrscheinlich der Schluß,
Der Regen weint, und es weint die Nacht,
und mit ihr weine ich,
und es weint mein Mund um einen Kuß, der sagen will,
ICH LIEBE DICH!

Schmerzende Schönheit

Einer Rose Zartheit gleicht der Liebe Pracht,
betört uns mit Schönheit und Leid zugleich,
denn über der Schönheit auch die schmerzende Dorne wacht
doch macht sie auch die ärmsten der Armen unter uns reich.

Das Ende

Der Wind streichelt mich mit seiner eiskalten Hand,
der Himmel wird schwarz, die Sonne wie Blut so rot,
Dunkelheit zieht einher über das Land,
das Ende, die Hoffnung der Menschen ist tot.

Die Erde spuckt aus feuerrote Glut,
das Leben auf der Welt für jeden vergeht,
es siegt am Ende des Teufels Brut,
für die Liebenden kommt jede Hilfe zu spät.

Verwüstung, Angst, Tod und Trauer,
die Zeit durch unsere Gedanken rinnt,
über uns rieselt der Einsamkeit Schauer,
doch eine neue Hoffnung beginnt.

Die Hoffnung verstärkt auf ein neues Leben,
Leben in Form von Menschlichkeit,
Hoffnung ihr Liebe und Freude zu geben,
auf daß sie wachse und gedeiht.

Zeige Deinen Mut

Gedanken kommen und Gedanken gehen,
mit Worten umschrieben und Gedichte entstehen,
doch läuft man blind in der Welt umher,
so fällt manch' einem das Dichten schwer.

Öffne Deine Augen, wenn der Tag beginnt,
höre auf Deine Sinne wenn sie sich regen,
versuche zu fühlen wie ein kleines Kind,
und der Stift in Deiner Hand wird sich bewegen.

Schreib auf was Du siehst, ob böse, ob gut,
ob mit Freude oder mit Schmerzen,
sag' es mit Deinen Worten, zeige Deinen Mut,
aber laß es kommen aus Deinem Herzen.

Unmenschlichkeit

Der Menschen Seelen mit Mißgunst gefüllt,
begehren der Nächsten Hab und Gut,
ihr Wesen ist mit Neid umhüllt,
und manch einer sich erlabt an vergossenem Blut.

Sie sehnen sich Leid ihrer Mitmenschen herbei,
ergötzen sich an Tränen, welche den Kummer belichten,
und nur im Tode sind sie von Seelenschmerz frei,
doch dort wird Gott über ihre Unmenschlichkeit richten.

Flucht

Ich lasse mich von meinen Gefühlen leiten,
und möchte fliehen aus der heutigen Zeit,
werde auf dem Strahl des Lebens davongleiten,
und erwache in meinem Traum in der Vergangenheit.

Worte an Goethe

Wie Ihr zu fühlen ist mein Begehren,
Worte geschmücket mit Zierde behangen.
Ach wäret Ihr hier, mir diese Kunst zu lehren,
doch Ihr weiltet zu früh und seid auch früh gegangen.

So sitze ich hier, und die Einsamkeit gegenüber,
suche nach Versen, Reimen, Gedichten,
und je reifer die Nacht, die Gedanken je trüber,
und Müdigkeit und Leere über mich richten.

Und im Traum rückt Euer Geist näher zu mir,
mit wenig Worten, doch so viel gelehrt,
Warum so voller Gram? Merke Dir,
ein ehrlich' Gedicht ist mehr als tausend Reime wert.

Inhalt

Vorwort . . . 5
Phantasiereisen . . . 8
Ein Mensch . . . 9
Ohne Hoffnung . . . 10
Mein Herz schreit nach Dir . . . 11
Sehnsucht . . . 12
Ich liebe Dich . . . 13
Süße Worte . . . 14
Nicht geträumt . . . 15
... Ängste verglühen im Mondenschein . . . 16
Ich habe einen schimmernden Traum . . . 17
Traum . . . 18
Liebesgeflüster . . . 19
Geliehene Gefühle . . . 20
Für eine Nacht . . . 21
Magische Küsse . . . 22
Geborgenheit . . . 23
Wir beide im Dunkeln . . . 24
Du brichst alle Gesetze . . . 25
Erst dann 26
... und schütze mich vor dem Mondschein . . . 27
Sinnlichkeit . . . 28
Blind vor Liebe . . . 29
Gestern . . . 30
Bleib bei mir . . . 31
Sehnsüchte ertrinken . . . 32
Gedanken . . . 33
Eine Träne zerbricht . . . 34
Deine Nähe . . . 35
Was soll ich sagen . . . 36
Warum? . . . 37
Du hast Dich verändert . . . 38
So wie 39
Wie oft . . . 40
Schmerz . . . 41

Liebe 42
Du sagst mir 43
Einsamkeit 44
Gefangen 45
Deine Liebe 46
Sterbender Falter 47
Dann sage ich lieber Gott 48
Mein einziger Beweis 49
Der Preis 50
Ein letzer Gruß 51
Tief in meinem Herzen 52
Ich habe eine neue Liebe gefunden 53
Die letzte Nacht 54
An Dich gebunden 55
Angst 56
Ich möchte 57
Wahre Gedanken 58
Stille 60
Die erste Berührung 61
... ich stelle mir vor 62
Phantasievolle Schäume 63
Kaltes Feuer 64
Keine Zeit 65
Tag und Nacht 66
Hoffnung 67
Und wieder fließt eine Träne 68
Und wieder stirbt ein Tag 69
Es weint die Nacht 70
Schmerzende Schönheit 71
Das Ende 72
Zeige Deinen Mut 73
Unmenschlichkeit 74
Flucht 75
Worte an Goethe 76